MW01174357

Mes premiers mots de science

DES MOTS DE L'ESPACE

COLLECTION CRABTREE « LES JEUNES PLANTES »

Taylor Farley

CRABTREE
PUBLISHING COMPANY
WWW.CRABTREEBOOKS.COM

Terre
(TER)

Soleil
(SO-lèy)

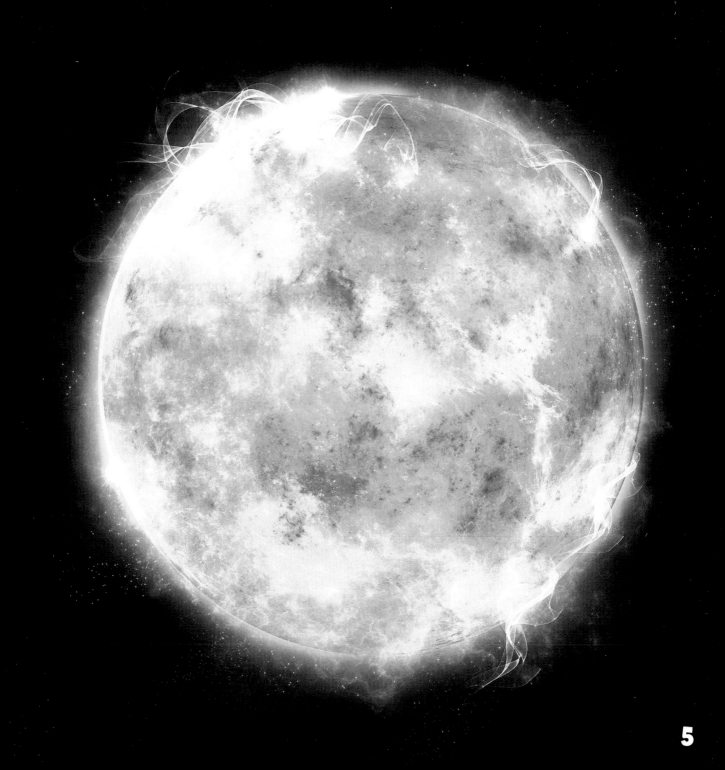

Lune
(LUN)

étoiles
(É-twal)

planètes
(PLA-nèt)

télescope
(TÉ-lés-kop)

fusée
(FU-zé)

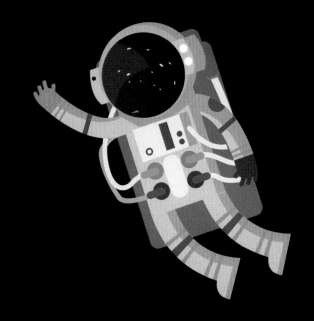

astronaute
(AS-tro-not)

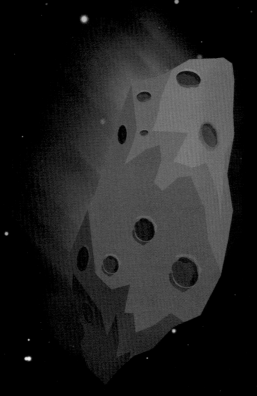

météorite
(MÉ-té-o-rit)

galaxie

(GA-lak-si)

Glossaire

astronaute (**AS-tro-not**) : Un(e) astronaute est une personne qui voyage dans l'espace.

étoiles (**É-twal**) : Les étoiles sont des corps célestes qui se déplacent dans l'espace et qui sont composées de boules de gaz brûlantes.

fusée (**FU-zé**) : Une fusée est un véhicule long et pointu qui voyage rapidement et qui est utilisé pour les voyages dans l'espace.

galaxie (**GA-lak-si**) : Une galaxie est un vaste amas d'étoiles et de planètes.

Lune (**LUN**) : La Lune est un objet de l'espace qui tourne autour de la Terre.

météorite (**MÉ-té-o-rit**) : Une météorite est un fragment de roche ou de métal qui traverse l'atmosphère de la terre.

planètes (**PLA-nèt**) : Les planètes sont des objets gros et ronds qui tournent autour du Soleil. Il y a huit planètes.

Soleil (**SO-lèy**) : Le Soleil est l'étoile au centre de notre système solaire.

télescope (**TÉ-lés-kop**) : Un télescope est un instrument qui fait paraître plus près des objets très éloignés.

Terre (**TER**) : La Terre est la planète sur laquelle nous vivons.

Soutien de l'école à la maison pour les gardien(ne)s et les enseignant(e)s.

Ce livre aide les enfants à se développer grâce à la pratique de la lecture. Voici quelques exemples de questions pour aider le(a) lecteur(-trice) à développer ses capacités de compréhension. Des suggestions de réponses sont indiquées.

Avant la lecture

- Quel est le sujet de ce livre? Je pense que ce livre traite des objets que l'on trouve dans l'espace.
- Qu'est-ce que je veux apprendre sur ce sujet? Je veux savoir quelles sortes d'objets une personne peut voir à l'aide d'un télescope.

Durant la lecture

- Je me demande pourquoi... Je me demande pourquoi il y a des marques circulaires sur la Lune.
- Qu'est-ce que j'ai appris jusqu'à présent? J'ai appris que la galaxie a une forme en spirale.

Après la lecture

- Nomme quelques détails que tu as retenus. J'ai appris que les météorites se déplacent dans l'espace.
- Écris les mots peu familiers et pose des questions pour mieux comprendre leur signification. Je vois le mot *planètes* à la page 10 et le mot *astronaute* à la page 16. D'autres mots du vocabulaire se trouvent aux pages 22 et 23.

Crabtree Publishing Company

www.crabtreebooks.com   1–800–387–7650

Version imprimée du livre produite conjointement avec Blue Door Education en 2021.

Contenu produit et publié par Blue Door Publishing LLC dba Blue Door Education, Melbourne Beach Floride É.-U. Copyright Blue Door Publishing LLC. Tous droits réservés. Aucune partie de ce livre ne peut être reproduite ou utilisée sous quelque forme ou par quelque moyen que ce soit, électronique ou mécanique y compris la photocopie, l'enregistrement ou par tout système de stockage et de recherche d'informations sans l'autorisation écrite de l'éditeur.

Photographies : Couverture ©shutterstock.com/Vadim Sadovski, ©shutterstock.com/3Dsculptor, ©shutterstock.com/Vetreno, ©shutterstock.com/ ngagwang, ©shutterstock.com/kolopach; p. 2, ©shutterstock.com/kolopach; p. 3, ©shutterstock.com/Wiktoria Matynia; p. 4, ©shutterstock.com/kolopach; p. 5, ©shutterstock.com/ Amanda Carden; p. 6, ©shutterstock.com/kolopach; p. 7, ©shutterstock.com/godrick; p. 8, ©shutterstock.com/ngagwang; p. 9, ©shutterstock.com/ANON MUENPROM; p. 10, ©shutterstock.com/kolopach; p. 11, ©shutterstock.com/ Vadim Sadovski; p. 12, ©shutterstock.com/ Vetreno; p. 13, ©shutterstock.com/Celig; p. 14, ©shutterstock.com/ Vyacheslav Motserenkov; p. 15, ©shutterstock.com/3Dsculptor; p. 16, ©shutterstock.com/delcarmat; p. 17, ©shutterstock.com/Vadim Sadovski; p. 18, ©istock.com/ Stock Illustrations | Fictional Character; p. 19, ©istock.com/3000ad; p. 20, ©shutterstock.com/Dzianis_Rakhuba; p. 21, shutterstock.com/ NASA images

Imprimé au Canada/042021/CPC

Auteur : Taylor Farley
Coordinatrice à la production et technicienne au prepress : Samara Parent
Coordinatrice à l'impression : Katherine Berti
Traduction : Claire Savard

Publié au Canada par   Publié aux États-Unis
Crabtree Publishing   par Crabtree Publishing
616 Welland Ave.   347 Fifth Ave
St. Catharines, ON   Suite 1402-145
L2M 5V6   New York, NY 10016

Catalogage avant publication de Bibliothèque et Archives Canada

Disponible à Bibliothèque et Archives Canada